SHOKING !

COMÉDIE TINTAMARRESQUE EN UN ACTE

PAR

LOUIS LERICHE

———

Représentée pour la première fois au Smoking-Concert

de l'A. V. A.

Chez GROSSETÊTE, CHALET DU BOIS

29 décembre 1894

PARIS

IMPRIMERIE TYPOGRAPHIQUE CH. SCHLAEBER

257, rue Saint-Honoré, 257

—

1894

LES SPORTS ATHLÉTIQUES

SEUL ORGANE OFFICIEL

DE

L'UNION DES SOCIÉTÉS FRANÇAISES
des Sports Athlétiques

PARAISSANT TOUS LES SAMEDIS

Le journal est honoré d'une souscription du ministère de l'Instruction publique

---

RÉDACTION-ADMINISTRATION, 229, RUE SAINT-HONORÉ

Les Sports Athlétiques publient chaque samedi

Des articles sur la **Vélocipédie**, par Louis Leriche, Aveiste, **Un Tel**, Cortis.

Des articles sur les **Courses à pied**, par L. Dedet, P. Cartier, Gabriel Comte, Sphinx, Georges Bourdon. G. de Lafreté, H. Bellon, F. Reichel

Des articles sur l'**Aviron**, par Pencil, Un Jeune Rameur, Challenge, Du Ponton.

Des articles sur le **Football**, par G. de Vauresmont, Saint-Chaffray, F. Reichel, P. Cartier, L. Dedet, P. Lejeune.

Des articles sur le **Lawn-Tennis**, par R. Dougerthy, Pierre Le Vieux, Senex

Des articles sur la **Longue-Paume**, par Raquette.

Des articles sur l'**Escrime**, par Coup-Droit.

Des **Chroniques** sur un sujet athlétique, dues aux plumes les plus autorisées en la matière et signées : P. de Coubertin, George Saint-Hélier, Gabriel Comte, Georges Bourdon, Richelieu, Sphinx, Wie, Marc Daivriteau, Bipède, H. Bernheim.

Les **Comptes rendus** de toutes les courses et concours sportifs de *Courses à pied*, de *Football*, d'*Aviron*, de *Vélocipédie*, de *Lawn-Tennis*, de *Longue-Paume*, etc., etc., réservés aux amateurs.

Des **informations** dues à nos correspondants de province et de l'étranger.

Les Sports Athlétiques publient en outre :

Un **Courrier de Belgique**, signé A. Tare... — Un **Courrier d'Angleterre**, signé Lord Villers — Une **Lettre de Hollande**, par Nis — Une **Lettre d'Allemagne**, signée E. Muller.

SHOKING !

COMÉDIE TINTAMARRESQUE EN UN ACTE

SHOKING !

COMÉDIE TINTAMARRESQUE EN UN ACTE

PAR

LOUIS LERICHE

Représentée pour la première fois au Smoking Concert
de l'A. V. A.

Chez GROSSETÊTE, CHALET DU BOIS
29 décembre 1894

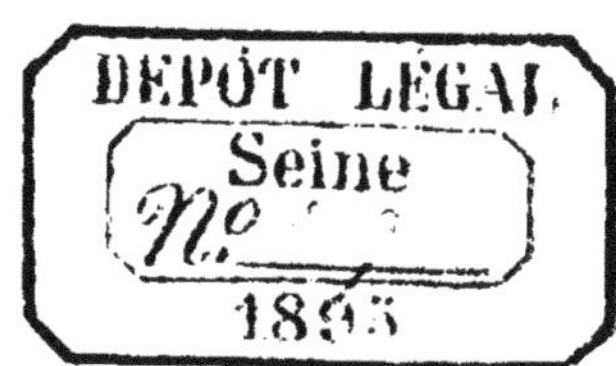

PARIS

IMPRIMERIE TYPOGRAPHIQUE CH. SCHLAEBER
257, rue Saint-Honoré, 257

1894

PRÉFACE

« Mieulx est de ris que de larmes escripre
« Pour ce que rire est le propre de l'homme. »

a dit l'illustre Rabelais, que d'aucuns connaissent aussi sous le pseudonyme d'Alcofribas Nazier. L'auteur qui s'est inspiré, depuis qu'il tient une plume, de ces vers si sages et si profonds, espère avoir déridé ce soir ses amis et auditeurs. Il les prie d'acclamer non pas sa prose, mais les remarquables interprètes attachés d'ordinaires au célèbre théâtre si connu sous le nom de « Comédie humaine », mais qui ont bien voulu, pour une fois, quitter leurs planches habituelles et mettre leur immense talent à la disposition du modeste auteur.

Pour que la postérité la plus reculée ne puisse pas ignorer ce fait, l'auteur donne ici les noms des artistes qui ont eu l'honneur d'être les si remarquables interprètes de Shoking :

Côté des Hommes :

OSCAR TRIFOUILLARD. . . . PH. REICHEL, du théâtre provençal de Vienne en Dauphiné, si apprécié des chasseurs à cheval.

TRÉPIGNANT. . . . . . . ADOLPHE DE PALLISSAUX, des « Folies-Athlétiques », de Paris, près Pantin. Acteur doux comme un mouton enragé.

Côté des Dames :

HORTENSE COURBOUILLON. Mlle DE BAEDERSKA (16 ans et toutes ses dents, dont une au service de l'A. V. A.), du théâtre impérial de Nischni-Novgorod, d'où son accent et son intonation franco-russe.

LA RECEVEUSE. . . . . Mme FERNANDE WICT, ancienne favorite du Bey de Tunis qui l'a connue au 4ᵉ tirailleurs. Grand prix du Conservatoire de Gabès.

Le théâtre a été construit avec l'argent recueilli dans la poche de M. Grossetête, qui en a fait l'avance à fonds perdus. Il est juste de lui en savoir gré et de l'inviter à persévérer dans une voie si utile à nos réunions, quoique si désastreuse pour son porte-monnaie.

SHOKING!

SCENARIO

Sur le premier plan, une chaise, deux portes à gauche, une à droite, surmontées des n°° 1, 2 et 3. Une porte d'entrée au fond.

PERSONNAGES

Hortense.	**Trépignant.**
Oscar Trifouillard.	**La Receveuse.**

SCÈNE PREMIÈRE

LA RECEVEUSE (elle tient entre ses mains une serviette et un petit balai, et sort d'une des chambres numérotées. Après avoir déposé ces deux objets, elle prend une prise et tire de son sein (!) une montre).

Dix heures et demie ! allons tout est prêt, le monde peut venir... Oui, le monde, et du plus huppé encore ! Dame ! vous pensez bien, quand il s'agit de donner son argent... *ceusses* qui ne sont pas du grand monde, regardent à deux fois avant de venir ici... Enfin ! voilà le moment d'étrenner. Il fait beau, il fait chaud, et bien que je n'aie pas à vrai dire de la morte saison, ces temps de grandes chaleurs me sont plus profitables. Le monde est si imprudent...... (Elle se dirige vers le n° 2 en reprenant sa serviette et son balai.)

Allons ! jetons un dernier coup d'œil, et voyons si toutes nos batteries sont dressées (elle disparaît).

SCÈNE II

HORTENSE arrive en courant par la porte du fond, elle se jette essoufflée sur la chaise.

Sauvée ! merci, mon Dieu ! je suis sauvée ! Je crois décidément avoir échappé aux obsessions ridicules de ce jeune fat qui me poursuit avec un acharnement digne d'un meilleur sort, car il perd son temps et sa peine, puisque je suis en puissance de mari. Voilà plus d'une heure que cela dure. Ça a commencé — s'il y a des dames ici, je n'aurai pas besoin de dire où ça a commencé, — car où voulez-vous qu'aille une femme riche et désœuvrée, à dix heures du matin ? Eh bien, oui — vous y êtes — ça a commencé au Bon Marché. En sortant de cette visite obligatoire, laïque, mais nullement gratuite, je me trouve nez à nez avec le jeune Fernand de la Houspillère, un fin de siècle sans goût et sans esprit. Déjà, l'hiver dernier, il a failli m'assommer avec ses déclarations, mais heureusement que mon mari y a mis bon ordre en lui donnant son congé. Avec ça, on le dit collaborateur au *Paris-Vélo*, et vous pensez bien que je ne tiens pas à être montrée du doigt. Or donc, je fais semblant de ne pas l'apercevoir et je hâte le pas. Je prends la rue du Bac, La Houspillère me suit. Je me réfugie dans les magasins du Petit Saint-Thomas. J'en ressors et je retrouve La Houspillère. J'arrive au boulevard Saint-Germain, je me précipite dans le tramway bleu, me croyant libre. Erreur ! de la Houspillère était sur le tramway jaune qui suit le

même trajet. Attends, me dis-je, je vais te dépister
— et j'allais visiter l'intérieur de l'Obélisque, —
mais javais oublié qu'il n'y avait pas d'intérieur.
Eperdue, voyant repoindre la face patibulaire
de La Houspillère, je me dirige vers la rue de
Rivoli, toujours suivie de ce fâcheux personnage.
Enfin, à l'instant, après mille marches et contre-
marches, croyant l'avoir perdue de vue à jamais, je
le retrouve encore une fois, se dirigeant vers moi !
— Et mon mari, qui est d'un jaloux !... Je tremblais
tout le temps d'être rencontrée par lui. Il paraît
qu'il n'y a que les consciences tranquilles qui
éprouvent ce sentiment là. Ah oui ! il est jaloux !...
mon mari ! Je vais vous en donner une preuve,
une entre mille. Dernièrement, la cuisinière nous
fait un bouillon. Croiriez-vous que mon mari l'a
fait jeter dans la rue, prétendant qu'il m'avait
fait de l'œil — des yeux de bouillon !

SCÈNE III

HORTENSE, LA RECEVEUSE

(On entend au dehors la voix d'Oscar, qui dit : Merci, mon
sergent. Jamais je ne l'aurais retrouvée sans vous. Merci
encore une fois, merci).

HORTENSE

Ciel ! ô ma mère ! j'entends sa voix... Comment
faire... (Elle regarde autour d'elle et veut entrer dans une
porte.)

LA RECEVEUSE (sortant d'une autre).

Madame, pardon, ici on paie d'avance.

HORTENSE tire de son porte-monnaie une pièce blanche, elle
la jette, entre vivement et ferme la porte derrière elle).

LA RECEVEUSE ramasse la pièce.

Vous me donnez beaucoup trop, madame

HORTENSE, à la cantonnade.

Gardez le reste pour vous.

LA RECEVEUSE.

Mâtin!... paraît que ça pressait... 17 sous de bénef... ça commence bien...

HORTENSE, à la cantonnade.

Oh! Shoking.

SCÈNE IV

LA RECEVEUSE, OSCAR.

OSCAR, du fond.

C'est ici... (il lorgne) Ah mais c'est très beau! Oh ce Paris! Voilà vingt-quatre heures que j'y suis et je tombe de surprise en surprise! (à la Receveuse) Madame!

LA RECEVEUSE, sans se déranger, lui désigne la porte.

OSCAR.

Elle ne me réponds pas! Attends .. (plus haut) Madame c'est bien ici le cabinet?...

LA RECEVEUSE, impatientée.

Mais oui, c'est ici... pardienne... que voulez-vous que ce soit?

OSCAR.

Le cabinet où se trouve Mme Mareau, n'est-ce pas? Vite, annoncez-moi; dites lui que c'est M. Oscar..., elle saura ce que cela veut dire.

LA RECEVEUSE.

Comment donc? plus souvent que je vais vous annoncer; les dames n'ont pas l'habitude de recevoir ici.

OSCAR.

Ça ne fait rien; je fais exception, puisque madame m'a écrit... Tenez, voilà la lettre (il cherche la lettre et lit). « Monsieur, puisque vous voulez bien me consulter sur votre avenir, venez me voir en mon cabinet, galerie Montpensier, demain matin à 11 heures... » Là,... vous voyez bien qu'elle m'attend? Pour lors ouvrez-moi la porte.

(Il se dirige vers la porte où s'est réfugiée Hortense.)

LA RECEVEUSE se précipite avec un geste pudibond.

Jamais, Monsieur; Arrière misérable! vous voulez donc déshonorer ces lieux!

OSCAR.

Comment cela! qu'est-ce que vous me chantez!

LA RECEVEUSE.

Je ne chante pas, je parle! Je vous répète que vous ne pouvez pas entrer là-dedans.

OSCAR.

Mais si, mais si, puisque madame m'y attend.

LA RECEVEUSE, avec énergie.

Jamais, Monsieur! Si vous voulez absolument parler à cette dame, attendez au moins qu'elle ait — qu'elle vienne ici... (Elle regarde par la porte)... Allons bon, voilà des clients qui viennent. Monsieur, vous ne pouvez pas rester ici sans consommer... mais qu'est-ce que je dis donc..., sans... sans... sans... rime ni raison.

OSCAR.

Est-elle drôle cette vieille sorcière ; mais qu'est ce qu'elle a donc ? (à la Receveuse) Voyons, Madame, une fois, deux fois, trois fois,... voulez-vous me laisser entrer ?

LA RECEVEUSE, avec désespoir.

Non, non, non! (pathétiquement) *potius mori quam foëdari..,* puisque je vous dis que c'est impossible. (se ravisant) Tout ce que je puis faire pour vous c'est de vous laisser entrer en face et quand madame sortira de là, eh bien, vous lui parlerez ; allons, entrez là (elle le pousse).

OSCAR.

Est-elle drôle, hein? mais non là, est-elle drôle... allons puisqu'il n'y pas moyen de faire autrement (à la Receveuse), surtout ne manquez pas de m'appeler, je n'aime pas les antichambres. (Il entre et on l'entend crier). Oh! Shoking.

LA RECEVEUSE

Qu'est-ce qu'il a donc à s'égosiller, celui-ci? tiens, ça me fait penser qu'il ne m'a pas payé... Monsieur, pardon, ici on paie d'avance.

OSCAR entr'ouvrant la porte, lui jette une pièce blanche.

LA RECEVEUSE ramasse la pièce.

Vous me donnez beaucoup trop, Monsieur.

OSCAR.

Gardez le reste pour vous.

LA RECEVEUSE.

Mâtin... paraît que ça pressait aussi... 17 sous

de bénef !... ça continue a commencer bien (elle se frotte les mains). Tant mieux ! mais n'oublions pas qu'il me reste encore un dernier coup d'œil à jeter (elle entre dans le troisième cabinet).

SCÈNE V

TRÉPIGNANT, Il entre pressé et furieux.

Ah ! enfin ! cette fois-ci je les tiens. (Il regarde autour de lui). Oui, oui, c'est bien cela, un petit pied à terre, un rez-de-chaussée, trois portes, une petite cuisine, ça doit être ça (Il renifle) une salle à manger (Il renifle). On dirait du gibier. Et un boudoir, ça doit être ici. — J'entends un bruit insolite. Ah ! on m'a bien renseigné..... Et cette fois-ci, je les tiens ! Ah! coquine de femme ! Me tromper ainsi ! Et dire que je n'aurais jamais rien su, que j'aurais pu vivre dans une heureuse ignorance, si je n'avais pas rencontré cet imbécile d'Ernest. Ernest, c'est mon camarade d'enfance, nous sommes nés dans la même maison, on nous appelait les inséparables, et nous l'étions pour de bon. Ainsi, à l'école, c'est toujours nous deux qui occupions les deux dernières places... Mais ce n'est pas là ce que je voulais vous raconter... Donc, hier, je le rencontre. — Tiens, voilà Trépignant, qu'il me dit. — Tiens voilà Ernest. — Tu vas bien — mais oui, pas mal, et toi. -- Ça boulotte, et ta femme — elle va pas mal, merci — que je lui dis. — Et ton neveu ? — Mon neveu, quel neveu, je n'ai pas de neveu ! — Comment me dit-il, voilà huit jours que je rencontre Mme Trépignant au bras d'un Monsieur qu'elle m'a présenté comme étant ton neveu ; même qu'elle m'a dit que tu souffrais beaucoup des maux de tête. — Ah ! oui, oui, lui ai-je répondu brusquement, c'est vrai, en effet, j'avais oublié un neveu d'Amérique. — Et j'ai planté là Ernest.

Depuis lors, j'ai pris un abonnement à l'agence Tricoche et Cacolet, et c'est grâce à cette précaution tardive que j'en sais long comme ça sur mon compte... Ah! mais... cette fois-ci, je les tiens (Il tire sa montre). Il n'est pas encore onze heures, ils ne tarderont pas d'arriver. Ha, ha, ha, ha... je ris... je ris jaune... c'est de circonstance, mais enfin, je ris.

SCÈNE VI

TRÉPIGNANT, LA RECEVEUSE

LA RECEVEUSE, sortant du n° 3.

Tiens, encore un client, Monsieur vous pouvez entrer.

TRÉPIGNANT.

Non merci, j'aime mieux rester ici, j'attends la dame de céans.

LA RECEVEUSE

Comment, vous aussi ? mais elle a donc convié tout Paris à ses assises ? Il y a là déjà un Monsieur qui l'attend.

TRÉPIGNANT.

Hein quoi ? que dites-vous là !

LA RECEVEUSE.

Je dis, je dis ce qui est... Madame de Céans, comme vous l'appelez, est ici, à gauche, et le jeune homme l'attend ici à droite. Ce sera votre tour après, alors.

TRÉPIGNANT.

Comment, mille millions de tonnerres ! mais pas du tout, je veux y entrer le premier et tout de suite.

LA RECEVEUSE.

Ah ça ! mais qu'est-ce qu'ils ont donc aujourd'hui ?

TRÉPIGNANT.

Allons vite, ouvrez-moi la porte.

LA RECEVEUSE.

Voyons Monsieur, ce que vous me demandez est tout à fait impossible.

TRÉPIGNANT.

Ouvrez vous dis-je, où je cogne.

LA RECEVEUSE.

Hé là, hé là, du calme; il y a peut-être un moyen d'arranger la chose : Entrez dans ce cabinet là ; (Elle tire de nouveau sa montre de son sein et regarde l'heure). Tout me porte à croire que cette dame ne va plus rester longtemps. Dès qu'elle sortira, je vous promets de vous faire signe.

TRÉPIGNANT, à part.

Ah ! la vieille duègne! est-ce qu'elle serait complice? N'importe, j'ouvrirai l'œil, et au besoin je saurai me servir de lunettes. (Haut). Allons, soit, mais n'oubliez pas de me prévenir. (Il se dirige vers le n° 3).

LA RECEVEUSE.

Ah ! pardon Monsieur, j'oubliais de vous dire qu'en pareille matière on paye d'avance.

TRÉPIGNANT, il tire une pièce blanche et dit.

C'est juste, tenez.

(Il entr'ouve la porte et lui met en main la pièce.(

LA RECEVEUSE.

Mais Monsieur, vous me donnez beaucoup trop.

TRÉPIGNANT, à la cantonnade.

Gardez le reste pour vous.

LA RECEVEUSE.

Mâtin ! encore dix-sept sous de benef... Ça continue à commencer bien. (Elle se refrotte les mains.

TRÉPIGNANT, à la cantonnade.

Oh ! Shoking.

SCÈNE VII.

LA RECEVEUSE, OSCAR.

LA RECEVEUSE se réinstalle sur sa chaise, reprend une prise, regarde l'heure. Pendant ce temps les trois portes s'ouvrent et se referment à plusieurs reprises.

Onze heures ! Ah ça est-ce qu'ils vont coucher ici ? C'est vrai qu'ils m'ont bien payée et, comme dit le proverbe : Tant va la cruche à l'eau — mais non, ce n'est pas ça ; enfin, n'importe.

OSCAR, entr'ouvrant sa porte.

Pst, pst ! dites donc.... est-ce que la dame n'est pas encore visible ? Je m'ennuie dans cette sin-

gulière antichambre que vous m'avez donnée là.
Vous devez le sentir.

LA RECEVEUSE.

Moi, oh ! non... j'y suis habituée. Quant à
Madame, elle n'est pas encore sortie, mais ça ne
fait rien, je veux vous laisser l'attendre ici. C'est
l'heure où l'on déjeune, et vous ne serez pas
dérangé par mes clients ; moi, d'ailleurs, je vais
en faire autant et me remettre de mes émotions
(Elle s'en va.)

OSCAR, sortant du cabinet.

Ah ! merci, Madame (Il prend un petit flacon de sel et
se le met sous le nez, pendant ce temps Trépignant entr'ouvre sa
porte et écoute.)

Enfin, je vais donc la voir et savoir à quoi m'en
tenir (Il tire sa montre.) Onze heures, c'est l'instant,
l'instant solennel, c'est l'heure indiquée par sa
lettre, dans sa lettre que voici.

SCÈNE VIII

OSCAR, TRÉPIGNANT

TRÉPIGNANT.

(Il bondit sur Oscar au moment précis où celui-ci presse la lettre
sur son cœur.)

A nous deux, misérable !...

Ah ! elle t'attend ici, coquin ; Lovelace... Eh
bien ! nous allons rire.

OSCAR.

Mais, Monsieur... je.,.

TRÉPIGNANT.

Silence !... vil séducteur...

(Il l'empoigne au collet.)

Ah ! ah ! vous pâlissez... vous rougissez... vous jaunissez... vous ne vous attendiez pas à me trouver là.

OSCAR.

Mais, Monsieur... je...

TRÉPIGNANT.

Il n'y a pas de *Monsieur*... il n'y a pas de *je*... A genoux ! Monsieur !... Quoi ! vous résistez ! Allons vite, à genoux donc, vous dis-je ! (Avec bonhomie.) Vous allez me faire manquer mon effet.

OSCAR, se met à genoux.

Mais, Monsieur, allez-vous me laisser tranquille.

(A part.) Ah ! mon Dieu, comment me débarrasser de cet enragé.

TRÉPIGNANT, sombrement tragique.

Ah ! oui, tranquille, vous le serez... oui, je ferai le silence autour de vous, mais non pas le silence du cabinet dont nous avons joui tout à l'heure tous les deux, mais le silence de la mort !

OSCAR.

Ah ! Oh maman !

TRÉPIGNANT.

Allons prépare-toi à mourir.

OSCAR.

Au secours !....

(La porte où se trouve Hortense s'ouvre).

SCÈNE IX

TRÉPIGNANT, OSCAR, HORTENSE

HORTENSE se jette sur Trépignant.

Voyons Isidore, ne fais pas de scandale, Mon sieur de la Houspillère est assez puni par le ridicule.

TRÉPIGNANT.

Ah ! c'est toi, malheureuse ! (Il se retourne). (Hortense et Trépignant se regardent avec ébahissement, Trépign n ôte son chapeau et salue en s'inclinant).

Ah ! pardon, Madame, c'est donc vous qui...
(Il montre le cabinet qu'elle vient de quitter.)

SCÈNE X.

TRÉPIGNANT, OSCAR, HORTENSE, LA RECEVEUSE

(La receveuse rentre et reste au fond)

HORTENSE.

Mille excuses, monsieur, je vous prenais pour mon mari, mais je vois que je me suis trompée, vu de dos et dans ce lieu, c'est une confusion qui s'explique.

OSCAR, toujours à genoux vers Hortense.

De grâce, Madame Mareau, délivrez-moi des griffes de ce monsieur.

HORTENSE.

Comment, Madame Mareau ? je m'appelle Hortense Courbouillon (elle s'approche et le voit de face).

Mais que vois-je, vous n'êtes pas Fernand de la Houspillère, monsieur ?

OSCAR, se levant.

Moi? jamais de la vie. Il est vrai que j'ai été houspillé, et de la bonne façon encore ! Je m'appelle tout bêtement Oscar Trifouillard de Précigny-lès-Grains

LA RECEVEUSE, qui rentre et qui a écouté ces explications

C'est ce qu'on peut appeler une vraie *cacaphonie.*

TRÉPIGNANT.

Comment ? vous êtes Oscar Trifouillard, le fils de mon meilleur ami, — à l'exception d'Ernest bien entendu — ? Dans mes bras, jeune homme, voilà vingt-quatre heures que je vous attends.

OSCAR.

Comment seriez-vous M. Trépignant par hasard ?

TRÉPIGNANT.

Lui-même, moi-même !..... (avec effusion.) Dans mes bras Oscar.

LA RECEVEUSE qui était sortie et qui rentre avec une lettre
à la main.

Voilà une lettre qu'un M. Ernest m'a chargée de remettre à M. Trépignant.

HORTENSE.

Messieurs, je vous demande la permission de me retirer.

TRÉPIGNANT.

Du tout, du tout, madame. Puisque le hasard

nous a réunis accidentellement, puisqu'un même toit nous a abrités, finissons ensemble cette journée mémorable.

HORTENSE.

Soit, messieurs, j'accepte.

OSCAR.

Et moi aussi, car le séjour là-dedans m'a complètement épuisé.

TRÉPIGNANT.

En ce cas permettez-moi de prendre connaissance de ce pli (il ouvre la lettre et la lit). Ha ! ha, ha, ha, farceur d'Ernest !... Toute cette histoire de neveu se promenant avec ma femme, est de son invention. C'est lui qui l'a combinée avec Pulchérie, ma femme pour me guérir de mes accès de jalousie.

C'est encore à lui que je dois les fameux renseignements que j'ai payés quarante francs à l'agence Tricoche et Cacolet.

HORTENSE.

Tiens, tiens !... j'ai bien envie d'emprunter le procédé de votre ami, pour guérir la jalousie de M. Courbouillon, mon mari.

OSCAR.

Et moi, quand je serai en ménage, je me priverai d'être jaloux.

TRÉPIGNANT.

Bravo, jeune homme !.., c'est une bonne résolution... Et maintenant, allons déjeuner chez Grossetête.

TOUS.

Oui, allons chez Grossetête !

TRÉPIGNANT donnant le bras à Hortense et à Oscar.

Mais si vous voulez bien, nous ne prendrons pas de cabinet.

LA RECEVEUSE lève les bras avant de disparaître par une
des portes et dit :

Oh ! Shoking.

FIN.

ASSOCIATION VÉLOCIPÉDIQUE D'AMATEURS

EXTRAIT DES STATUTS

Art. 19. — Nul ne pourra être admis membre et faire partie de l'Association Vélocipédique d'Amateurs s'il ne répond à la définition suivante et ne l'observe pas :

« Est considéré comme amateur celui qui n'a jamais été employé à salaire ou à quelque titre rémunérateur que ce soit dans des exercices athlétiques, soit comme aide, soit comme instructeur, qui n'a pas couru pour un prix en espèces et qui n'a pas concouru sciemment avec un professionnel pour un prix quelconque.

C'est-à-dire :

Un vélocipédiste cesse d'être simple amateur et devient professionnel :

A. — En pratiquant la vélocipédie ou tout autre exercice athlétique, en l'enseignant personnellement ou en y dressant une autre personne, soit comme moyen d'existence, soit pour un pari, un prix en espèces ou un bénéfice sur les recettes d'entrées. Toutefois, la Société est libre de percevoir des entrées.

B. — En prenant part à un concours public avec un professionnel ou tout autre individu frappé d'interdiction, en l'exerçant à la course ou en s'y faisant exercer par lui.

C. — En vendant, engageant, échangeant ou en réalisant de quelque façon, un prix gagné par lui.

D. — En acceptant directement ou indirectement une rémunération, une compensation ou un remboursement de frais quelconques d'un fabricant de vélocipèdes, d'un agent ou de tout autre personne intéressée dans le commerce ou le sport vélocipédique, ou dans un sport quelconque.

N.-B. — Le Comité a le droit de requérir de tout coureur soupçonné d'enfreindre ou d'avoir enfreint les clauses A B C D de se disculper au moyen de preuves ; dans ce cas ce sera au membre inculpé de réfuter l'accusation portée contre lui et il pourra être suspendu jusqu'à ce qu'il se soit justifié à la façon du Comité.

Les fabricants de vélocipèdes et leurs agents ne sont pas comme tels considérés comme professionnels.

Art. 23. — Tout candidat admis à faire partie de la Société, soit comme membre actif, soit comme membre honoraire, est tenu au versement de son entrée et de sa cotisation.

Les parrains du candidat sont responsables de cette mesure pendant les six premiers mois.

Les cotisations de tous les membres sont exigibles le 1ᵉʳ janvier, elles sont dues pour toute l'année, quelle que soit la date de l'admission.

Tout membre actif, honoraire ou dame patronesse, est tenu de payer, l'année de son admission, un droit d'entrée de 5 francs.

La cotisation des membres actifs est de 30 francs ; celle des membres honoraires et dames patronesses est de 20 francs; celle des scolaires de 15 francs, sans droit d'entrée.

Art. 24. — Sera exclu de la Société tout membre qui refusera de payer sa cotisation deux mois après qu'elle est due ou trois mois en cas d'absence.

Le 15 janvier, le trésorier prévient les membres dont la souscription annuelle n'a pas été versée.

NOTA. — *Les membres de l'A. V. A. reçoivent le journal « Les Sports Athlétiques », organe officiel de la Société.*

LE CHALET DU BOIS

www.ingramcontent.com/pod-product-compliance
Ingram Content Group UK Ltd.
Pitfield, Milton Keynes, MK11 3LW, UK
UKHW031714170726
13836UKWH00001B/234